글 서보현

연세대학교와 같은 학교 대학원에서 아동학을 공부하였습니다. 어린이책 만드는 일을 하다가, 지금은 아이들의 상상력과 함께할 수 있는 책을 만들겠다는 꿈을 가지고 글을 쓰고 있습니다. 지은 책으로는 『안녕, 첫 짝꿍』 『딴생각 하지 말고 귀 기울여 들어요』 『내가 마을을 만들었어』 등이 있습니다.

그림 우지현

북한산 아래 작은 마을에서 태어났습니다. 숲과 도서관을 좋아하고, 날마다 그림을 그리며 살고 있습니다. 지은 책으로 『걸었어』 『울보 바위』 『내가 태어난 숲』 『느릿느릿 도서관』이 있고, 그린 책으로 『수학 도깨비』 『아빠와 함께 걷는 문학 길』 『매일매일 힘을 주는 말』 『마고할미네 가마솥』 『위기 일발 지구를 구한 감동의 환경 운동가들』 『송곳니의 법칙』 『우리 반 채무 관계』 등이 있습니다.

질문하는 어린이

가족: 함께 살 사람을 고를 수 있다면

초판 1쇄 펴낸날 2022년 6월 30일
초판 3쇄 펴낸날 2024년 5월 14일

글 서보현 | **그림** 우지현 | **펴낸이** 홍지연

편집 고영완 전희선 조어진 이수진 김신애 | **디자인** 이정화 박태연 박해연 정든해
마케팅 강점원 최은 신종연 김가영 김동휘 | **경영지원** 정상희 여주현

펴낸곳 (주)우리학교 | **출판등록** 제313-2009-26호(2009년 1월 5일) | **제조국** 대한민국
주소 04029 서울시 마포구 동교로12안길 8 | **전화** 02-6012-6094 | **팩스** 02-6012-6092
홈페이지 www.woorischool.co.kr | **이메일** woorischool@naver.com

ISBN 979-11-6755-058-3   73330

© 서보현, 우지현, 2022

- 책값은 뒤표지에 적혀 있습니다.
- 잘못된 책은 구입한 곳에서 바꾸어 드립니다.
- KC 마크는 이 제품이 공통안전기준에 적합하였음을 의미합니다. 책을 입에 대거나 책 모서리에 다치지 않도록 주의해 주세요.

만든사람들
편집 조어진 | **디자인** 오성희

질문하는 어린이

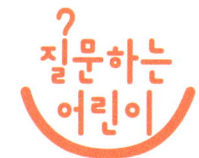

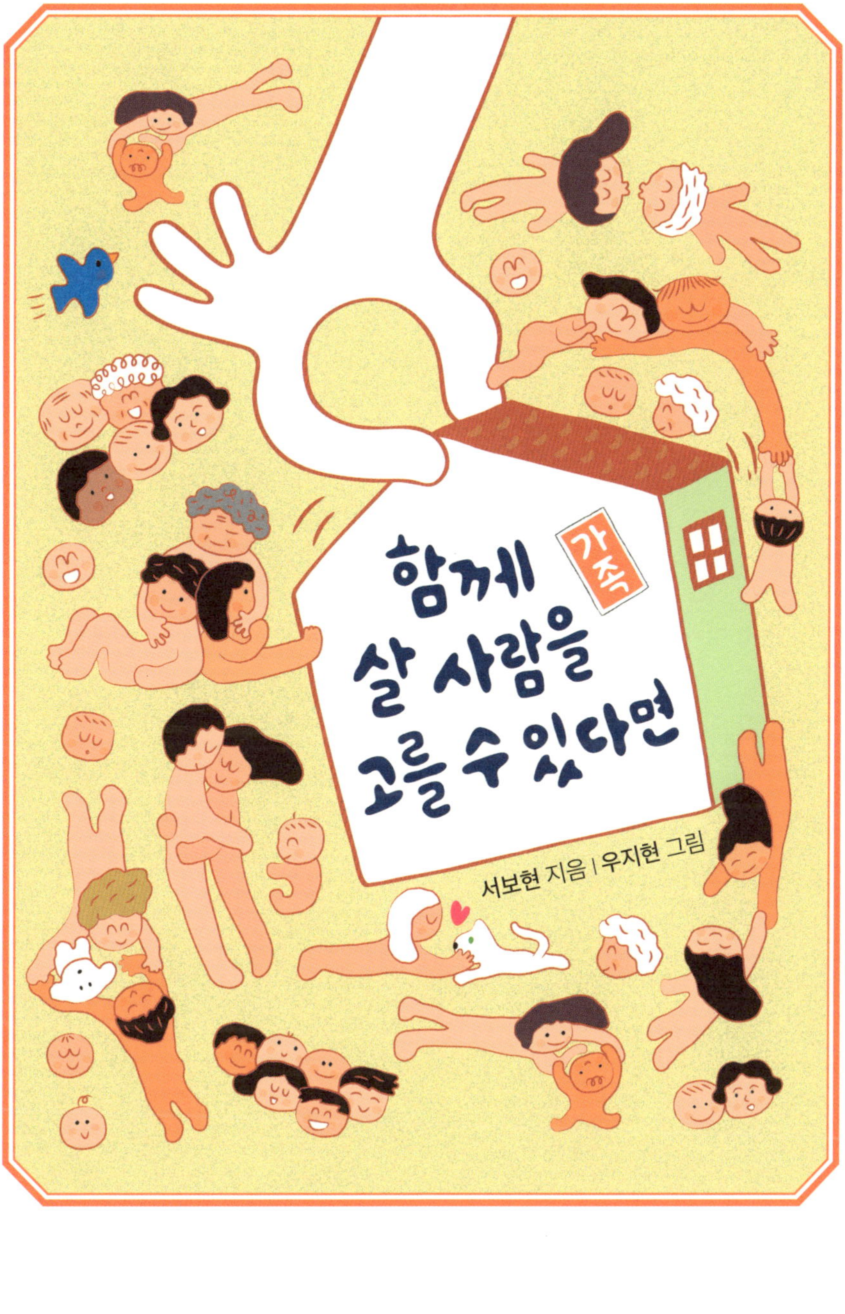

함께 살 사람을 고를 수 있다면

가족

서보현 지음 | 우지현 그림

우리학교

프롤로그

가족이 함께하면 행복해? 정말?

"안녕하세요, 다림이에요. 전 나중에 혼자 살고 싶어요. 가족과 함께 사는 것보다 혼자 사는 게 더 편할 것 같아요."

"안녕하세요, 그림이에요. 전 가족과 오래오래 같이 살 거예요."

"늘 봐야 하는 가족이 그렇게 좋아?"

"응, 그리고 가족이 없으면 허전하잖아."

차례

프롤로그
가족이 함께하면 행복해? 정말? … 4

1
요리 보고, 조리 보고, 가족은 무엇일까? … 8

2
색다른 눈으로 가족 바라보기 … 22

3 가족끼리 어떻게 지내야 할까? … 44

4 각양각색 가족들에겐 어떤 일이 일어날까? … 68

흔히 가족이라고 하면 하트 뿅뿅,
따뜻한 엄마 아빠의 품,
온 가족이 둘러앉아 먹는 밥상,
사이좋은 형제자매들을 생각해요.
하지만 모든 사람에게
이런 가족이 있는 것도 아니고
가족이 있다고 해도 그 모습은 각양각색이에요.
다 비슷한 것 같지만 집집마다 다른 가족.
'가족'이란 무엇일까요?

1

요리 보고, 조리 보고, 가족은 무엇일까?

우리는 가족이에요

옛날에는 핏줄로 이어지거나 결혼을 한 사람들만 가족이라고 생각했어요. 요즘엔 좀 더 다양한 방법으로 가족을 이뤄요.

가족이 있어서 좋은 점은 뭘까?

가족이 있으면 마음이 든든해요. 힘든 하루를 끝내고 집으로 돌아갔을 때 누군가가 반겨 주면 힘이 나거든요. 또 나에게 나쁜 일이 생겼을 때 가장 먼저 도와주는 사람이 있다면 바로 가족일 거예요. 병들거나 다쳐서 오도가도 못할 때, 함께 사는 가족이 없다면 외롭고 불편할 거예요. 또 혼자서 매일 가사 노동을 하는 것보다 가족이 도와 가며 하면 덜 힘들어요. 이것 말고도 어떤 때 가족이 있어서 좋다고 느낄 수 있을까요?

싸우면서 같이 살래? 아니면 따로 살래?

 가족이라고 다 잘 맞는 건 아니에요. 유달리 한 사람과 안 맞거나, 나는 괜찮은데 다른 가족들이 사이가 좋지 않다면 힘들 거예요.

 심하게 다툰 가족끼리는 서로 잠깐 떨어져 있으면 어떨까요? 잘 안 맞는 가족과는 거리를 두고 가끔 만나면 어떨까요? 그런데 혹시 함께 살지 않으면 가족이 아닌 걸까요? 1년에 한두 번 보는 할머니는 가족일까요, 아닐까요?

내 가족은 내가 정하면 안 돼?

　우리나라 법에서는 나와 결혼한 사람, 나를 낳아 준 부모님과 내가 낳은 아이, 그리고 나의 형제자매를 '가족'이라고 부를 수 있다고 정해 놓았어요. 여기에 더해 나와 결혼한 사람의 부모님과 형제자매, 그리고 내가 낳은 아이가 결혼한 사람까지를 가족이라고 정의했어요.
　이 정의에 따르면 나와 함께 사는지, 얼마나 친하고 자주 보는지와 관계없이 가족은 결혼과 혈연으로 정해져요. 실제로 사람들은 누구를 가족이라고 생각할까요?

법이 정해 놓은 가족

법으로 정해진 가족의 범위는 일상 곳곳에서 발견할 수 있어요.

14세 미만 어린이가 SNS에 가입하거나 휴대 전화를 살 때, 예방 접종 등을 할 때면 꼭 보호자의 동의가 필요해요. 이때 보호자는 법으로 정해 놓은 가족 중의 아버지나 어머니 등이어야 해요.

우리나라의 건강 보험도 마찬가지예요. 건강 보험에 가입해서 돈을 내면 모든 가족이 혜택을 받을 수 있는데, 법적인 가족이 아니면 혜택을 못 받아요. 어른이 되어도 서로의 보호자 역할을 할 수 있는 사람은 법적인 가족으로 제한하는 경우가 많아요.

가족을 그려 보면

가족을 생각하면 대부분 머리에 떠올리는 이미지가 있어요. 엄마와 아빠, 어린 자녀로 구성된 3인 혹은 4인 가족이지요. 옛날 사람들은 가족이라고 하면 할머니와 할아버지는 물론 삼촌과 고모, 조카까지 들어간 그림을 떠올렸을 거예요. 이처럼 가족의 모습은 시간이 흐르고 사회가 바뀌면서 계속 달라져요.

문제 가족, 땅땅땅!

요즘에는 가족의 형태가 점점 다양해지고 있어요. 아이가 없는 가족, 부모 중 한쪽이 없는 한부모 가족, 조부모와 손자로 이루어진 가족, 외국인이 포함된 가족, 아이를 입양한 입양 가족 등 다양한 가족들이 존재하지요. 하지만 어떤 사람들은 이런 가족들을 '정상이 아닌', '문제가 있는' 가족으로 봐요. 가족의 모습에 정답이 있는 걸까요?

는 결혼할 생각이 없어서 하지 않았지만, 혼자서 아이를 낳아 기르는 여성을 뜻해요. 가족에 대한 가치관이 변하면서 결혼 없이 아이를 기르는 비혼모들이 전 세계적으로 점차 늘고 있어요.

가족을 바라보는 뻣뻣한 시선

사람들은 기술의 발전으로 인한 사회의 변화를 잘 받아들여요. 공중전화에서 휴대 전화로, 휴대 전화에서 스마트폰으로 아주 짧은 시간에 변했지만 아무도 그걸 이상하다고 생각하지 않아요.

하지만 아무리 새로운 것을 좋아하는 사람도 가족은 보수적으로 바라보는 경우가 많아요. 가족이란 다른 것들이 빠르게 변할 동안에도 지금 그대로의 모습을 지켜야 하는 집단이라고 생각하지요.

나 결혼 안 할 건데?

결혼 꼭 해야 돼?

가족의 모습은 사회의 모습과 사람들의 가치관이 바뀌면서 달라져요. 현대 사회는 전통 사회보다 무엇이든 빠르게 변해요. 새로운 직업이 생겨나고, 있던 직업이 없어지기도 하고, 다른 지역 혹은 다른 나라에 가서 사는 일도 잦아요. 그러면서 가족의 크기가 점점 작아져요.

또 가정의 평화보다 개인의 자유를 중요하게 여기는 사람도 많아졌어요. 또 여자들도 남자만큼 교육을 받고 돈을 벌게 되면서 남자가 돈을 벌어 오고 여자가 집안일을 하는 전통적인 가족의 모습이 크게 바뀌었어요.

결혼하면 난 어떤 가족을 꾸리게 될까?

난 결혼해서 살고 싶어.

가까운 미래의 가족은 나에게 필요한 가족의 형태일 거예요. 나를 지지하고 응원해 주며 서로 도움을 주고받을 수 있는 존재들이 모여서 가족을 이루겠지요. 대만, 미국 등 외국에서는 성별이 같은 두 사람이 부부를 이루는 형태의 가족도 늘고 있어요. 이처럼 미래의 가족에는 평등성과 다양성이 아주 중요한 가치가 될 거랍니다.

생활 동반자는 핏줄로 이어진 혈연 관계나 혼인 관계가 아니어도 서로 함께 살면서 돌봐 주기로 약속한 관계예요. 최근에는 이런 생활 동반자끼리 가족을 이루어 사는 경우가 늘고 있지만, 우리나라에서는 아직 법적인 보호를 받지 못해요.

이런 결혼도 있어?

결혼을 하는 방식은 시간의 흐름에 따라서도 달라지고 문화권에 따라서도 달라져요. 우리에게는 매우 낯설고 신기할 수 있지만, 그들이 보기엔 우리의 전통적인 결혼의 형태가 그럴 수도 있지요. 이처럼 결혼을 하는 방식은 다양한 사회·문화적 요인에 따라 영향을 받아요.

1) 일부일처제

한 남성과 한 여성이 결혼해 부부가 되는 형태를 일부일처제라고 해요. 우리에게는 매우 평범하고 당연해 보이는 결혼의 형태지만, 옛날에는 이런 일부일처제를 지키는 문화권이 전 세계 문화권의 반도 되지 않았어요. 남자와 여자의 수가 비슷하고, 가족을 유지하는 데 많은 돈이 필요할 때 일부일처제가 잘 지켜져요.

과거에는 일부일처제를 기본으로 해도 돈이 많거나 권력이 있는 남자는 한 명 이상의 부인을 두는 일이 많았어요.

2) 일부다처제

여러 여성을 아내로 둘 수 있는 결혼 제도예요. 남자의 수가 여자보다 적은 문화권, 여자가 돈이나 권력을 가지기 힘든 문화권에서 흔히 볼 수 있어요.

3) 일처다부제

자원이 부족해서 남자 여럿이 일을 해야 한 아이를 기를 정도의 돈을 벌 경우, 일처다부제의 결혼 제도가 시행되기도 해요. 티베트, 네팔 등지에서 볼 수 있어요.

4) 기타

남자들이 사냥이나 전쟁에 힘을 기울여야 해서 단체 생활을 하는 경우, 남녀의 결혼은 큰 의미가 없어요. 여자들은 아이를 함께 키우며 공동체 생활을 하고, 아이는 엄마의 성을 따라요. 아이의 아빠가 누구인지는 크게 의미가 없지요.

가족은 우리에게 너무 당연해서
색다른 관점으로 바라보기 힘들어요.
하지만 가족을 자세히 들여다보면
그 안에 작은 사회가 있다는 것을 알 수 있지요.
가족의 구조를 꼼꼼히 파헤쳐 볼까요?

2

색다른 눈으로 가족 바라보기

가난한 가족, 부자 가족

세상에는 부자인 가족과 그렇지 못한 가족이 있어요. 부자인 친구들은 먹는 것, 입는 것 때문에 고민하지 않으며 원하는 물건을 가질 때도 큰 어려움이 없어요. 가난한 친구들은 돈 때문에 원하는 일을 하지 못하는 경우가 많아요. 심한 경우엔 돈 때문에 가족이 흩어져 살기도 하지요. 문제는 가족의 사회 경제적 지위가 가족의 생활을 크게 좌우한다는 거예요. 이는 단순히 돈이 많고 적은 문제보다 훨씬 복잡해요.

사회 경제적 지위란 사회에서 수입, 직업, 재산, 사는 곳, 그리고 교육 수준 등에 의해 결정되는 개인이나 집단의 상대적인 위치를 말해요. 사회적 지위는 직업이나 교육 수준으로 결정되고 경제적 수준은 재산이나 수입으로 결정되지요. 대체로 사회적 위치과 경제적 위치는 일치하지만, 아닌 경우도 있어요. 재산은 많지만 교육 수준이 낮은 사람도 있고, 교육 수준은 높지만 수입이 적은 사람도 있거든요.

사회의 불평등도 가족의 사회 경제적 지위의 차이에서 시작되는 경우가 많아요. 가난한 집에서 태어나길 원하는 사람은 아무도 없어요. 따라서 단순히 집안이 부자이고 가난한 것에 따라서 기회 자체가 불평등하게 주어지는 것은 옳지 않아요.

우리 집 대장은 누구?

가족과 권력을 함께 이야기하는 것은 어울리지 않아 보여요. 하지만 가족 내의 권력 관계는 가족을 이해하는 데 아주 중요해요.

사회에서는 돈과 자원이 많은 사람(부자나 정치가), 다른 사람이 모르는 것을 알고 있는 사람(의사나 변호사 같은 전문가들), 혹은 다른 사람의 애정을 한 몸에 받는 사람(연예인), 신체적이거나 심리적인 힘을 가진 사람(군인이나 종교인)들이 권력을 가져요.

가족 내에서도 마찬가지예요. 돈이 들어가는 일을 결정하려면 가족 중에 돈을 버는 사람의 의견이 중요할 수밖에 없어요. 가사 일에 관한 것을 결정할 때에는 가사 일을 잘 아는 사람의 의견이 중요하지요. 가끔은 가족의 사랑을 독차지하는 아이가 집안에서 권력자 노릇을 하기도 한답니다. 누구든 그 아이의 의견을 거스르고 싶어 하지 않을 테니까요.

여자가 할 일과 남자가 할 일?

집안에 해야 할 일이 생겼을 때 누가 어떤 일을 맡아서 하나요? 어떤 집은 전통적인 성 역할에 맞추어 가사와 육아를 여자가 도맡아 하고 남자는 밖에 나가 돈을 벌어요. 또 어떤 집은 남녀에 상관없이 일을 나누어 해요. 이런 성 역할 개념의 학습은 가족을 통해서 이루어져요.

성 역할은 성별에 따라 적합하다고 생각하는 행동 특징들이 일상 생활에 반영된 거예요. 우리나라에서는 전통적으로 여자는 집안일을, 남자는 바깥일을 해야 한다는 성 역할 개념이 있었으나 요즘에는 점차 바뀌고 있어요.

대체로 딸은 엄마를, 아들은 아빠를 보고 성 역할을 배워요. 그리고 사회에 나가서나 결혼을 해서 가정을 꾸릴 때 자신이 배운 성 역할 개념대로 행동하지요. 문제는 사람마다 '여자나 남자가 할 일' 혹은 '남녀를 가리지 않고 할 일'에 대한 생각이 아주 다르다는 거예요.

우리 엄마 아빠는 어떤 부부일까?

형제 관계, 친구 관계가 모두 다른 것처럼 부부의 모습도 다 달라요. 전통적인 성 역할을 지키며 사는 부부도 있고, 역할을 바꾸는 부부도 있어요. 또 육아와 가사 노동, 돈 버는 일을 똑같이 나누는 부부도 있어요.

아이들은 자기 부모의 모습을 보면서 '부부란 이런 것이구나' 하고 알아가요. 그리고 나이가 들면 주변에서 다양한 부부 관계를 보게 되지요. 부부 관계는 개인의 특성과 주변 환경에 따라 매우 다양해요.

가족끼리도 서먹할 수 있지

　가족이라고 서로 친한 건 아니에요. 아버지가 외국에 나가 오랫동안 일을 하고 돌아왔다거나, 공부를 위해 오랫동안 집을 떠나 있었을 경우, 세대 차이 등의 이유로도 서로 서먹서먹할 수 있어요.

　가족끼리 함께하는 경험이 많고 서로 이야기를 많이 할수록 친해져요. 스스럼없이 자기를 드러내고, 자신이 중요하게 여기는 것들을 알려 주고, 그것에 대해 관심을 가져 주는 태도가 꼭 필요해요.

생각하는 게 달라도 너무 달라!

가족 구성원 간에 나이 차이가 많이 나는 가족들은 흔해요. 부모와 자식 간에는 대략 20~30년이 넘는 시간이 있으니까요. 그래서 비슷한 나이 또래의 친구들이 모인 집단과는 그 성격이 아주 달라요. 사람들은 이런 세대의 차이를 가족으로부터 느끼고, 사회에 나와 그 차이를 더 실감하지요. 세대 차이는 뭐든지 빠르게 변화하는 현대 사회에서 더욱 심하게 나타나요.

가치관은 사람이 자기를 포함한 사람들이나 사물에 대해 가지는 태도예요. 친구들에게 살면서 제일 중요한 게 뭐냐고 물어보면 가족, 공부, 친구 등 여러 답이 나와요. 이처럼 사람마다 중요하게 생각하는 것들, 즉 가치관은 조금씩 다르기 마련이에요.

가족의 탄생과 소멸

 가족은 마치 생물처럼 태어났다가 사라져요. 두 사람이 만나 가족을 이루면 새로운 가족이 태어나는 거예요. 그러다 아이가 태어나면 가족의 규모가 커지고, 아이가 자라고 부부가 나이 들어 가면서 사는 모습이 달라져요. 각 시기에 따라 집과 차의 크기나 종류, 버는 돈과 쓰는 돈, 가족의 생활 모습이 많이 달라진답니다. 이처럼 가족은 시간에 따라 성장하고 다시 사그라들어요.

선생님 같은 엄마, 친구 같은 아빠라고?

집집마다 부모마다 아이들을 대하는 모습은 다 달라요. 어떤 부모님들은 아이의 공부나 건강이 모든 일의 최우선이에요. 아이를 위해 이사를 하거나 직장을 그만두기도 하죠.

아이와 친구처럼 놀아 주는 게 중요하다고 믿는 부모님도 많아요. 선생님처럼 많은 걸 가르쳐야 한다고 생각하는 부모님도 있고요.

어릴 때부터 규칙과 규율을 엄격하게 지키도록 훈육하는 부모님도 있어요.

어떤 부모도 처음부터 완벽할 순 없어요. 아이가 자라면서 엄마 아빠도 부모의 역할을 배우고 또 익혀 가요. 할머니 할아버지에게 영향을 받기도 하죠.

부모와 아이의 성격, 직업, 가정 환경, 사회적 분위기 역시 부모 역할을 하는 데 큰 영향을 준답니다.

친구네 집에서는 되는데, 왜 우리 집에선 안 돼?

친구의 집과 우리 집을 비교하다 보면 분위기가 다른 경우가 많아요.

어떤 집에서는 용돈을 쓸 곳에 대해 꼼꼼하게 따지고 제한을 하는가 하면, 어떤 집에서는 용돈을 어떻게 쓰든 아이의 자유에 맡기기도 해요. 친구 집에 가서 자고 오는 것에 대해 흔쾌히 허락해 주는 부모도 있고, 일정한 귀가 시간을 넘기면 혼을 내는 부모도 있지요. 이처럼 가족끼리 공유하는 일종의 규칙을 가족 가치관이라고 해요.

가족 간에도 지켜야 할 사생활!

요즘에는 가족 간에도 지켜야 할 사생활에 대해 중요하게 생각해요. 부모가 아이의 일기장을 마음대로 보는 것, 노크 없이 방문을 여는 것, 상대방의 비밀을 지나치게 캐묻는 것 등은 모두 좋지 않게 여겨요.

많은 경험과 생각을 나누어야 서로 친한 가족이라는 느낌이 드는 것은 맞지만, 각자가 지키고 싶은 개인의 영역을 침범하는 것은 가족 간에도 실례예요. 혹시 부모님으로부터 보호하고 싶은 나만의 사생활이 있나요?

건강한 가족이란?

　건강한 가족의 구성원들은 각자 할 일을 잘 하고, 서로의 관계에 만족해요. 서로 사랑하는 것은 물론이고, 터놓고 대화하며 여러 어려움을 함께 나누어요. 또 윤리적 가치나 서로의 믿음을 같이하고 스트레스나 위기가 닥쳤을 때 슬기롭게 해결해 나가요.

　건강한 몸을 가지기 위해서는 건강한 습관을 가지는 것이 중요한 것처럼, 건강한 가족이 되기 위한 방법도 마찬가지예요. 따로 공을 들여야 하는 행사를 자꾸 만들기보다 생활 속에서 서로를 생각하는 좋은 습관을 들이는 것이 중요하지요.

우리 가족은 어떤 구조로 이루어져 있을까?

집집마다 중요한 일을 결정하는 사람은 달라요. 결정권을 누가 가져야 하는지 정답은 없어요. 하지만 한 사람이 마음대로 가족의 중요한 일을 정하고 독재자가 된다면 다른 가족들이 불만을 가지기 쉬워요.

가족 내에서 권력은 단순히 목소리가 크거나 돈을 많이 버는 사람이 가지는 것은 아니에요. 평소에 신뢰와 사랑을 얻어야 중요한 일을 정할 때 가족들이 그 결정을 잘 따라요.

설문지

1) 외식 메뉴나 휴가 장소를 정할 때 누구의 의견이 가장 중요한가요?

2) 내가 어떤 학교에 갈지, 어떤 학원에 다닐지 가족 중에 누가 정하나요?

3) 이사를 가거나 차를 바꾸는 등 중요한 일을 결정할 때 누가 주도하나요?

4) 한 사람이 많은 일을 결정하나요, 아니면 가족이 함께 모여 의논을 하는 편인가요?

5) 가족 간에 의견이 다를 때 누가 결정을 내리나요?

6) 가족이 함께 모여 가족 회의를 한 적이 있나요?

3

가족끼리 어떻게 지내야 할까?

부부가 함께해야 할 것들

부부란 남편과 아내를 함께 어우르는 말이에요. 부부는 크게 세 영역의 역할을 함께해야 해요.

첫째, 서로 사랑하고 사랑받는 역할을 해야 해요.

둘째, 육아와 경제 활동, 가사 노동 등의 역할을 해야 해요.

셋째는 부부 관계를 중심으로 한 친인척과의 관계, 지역 사회나 친구들과의 관계를 잘 맺어야 해요. 이 세 영역의 역할 중 어느 하나라도 빠지면 부부 관계는 삐걱거릴 수밖에 없답니다.

내가 이 집 하인이야?

    가족이 함께 생활하려면 많은 일을 해야 해요. 누군가는 나가서 돈을 벌어 와야 하고, 아이가 있다면 누군가는 아이를 돌봐야 해요. 청소며 빨래, 음식을 만들어 줄 일손도 필요하지요. 이렇게 많은 일을 하다 보면 누군가는 일을 더 많이 하게 되고 누군가는 적게 해요. 또 누군가는 내가 하는 일이 더 중요하다고 생각하고, 내가 가장 힘들다고 생각하지요.

    이에 관해 서로 대화를 나누지 않고 계속 지내다 보면 가족, 특히 부부 간에 큰 싸움으로 번지기 쉽답니다.

부모는 육아 동료

　부부 관계에서 큰 부분을 차지하는 것이 바로 부모의 역할이에요. 아이가 태어나 자라는 동안 부모가 아이들에게 해 주어야 할 역할은 끊임없이 바뀌어요. 그래서 부부가 함께 논의해야 할 것들이 늘 생기지요.

　변화무쌍한 부모 역할을 잘 해내기 위해서는 사이좋은 부부 관계가 꼭 필요해요. 사이가 좋은 부부는 대부분 좋은 부모랍니다.

아이를 왜 낳을까?

최근에는 결혼을 해도 아이를 낳지 않고 부부 관계에 집중하며 살겠다는 사람이 많아요. 반면에 결혼을 하면 아이를 낳아 기르는 것이 당연하다는 사람들도 많지요. 그렇다면 결혼한 부부들은 왜 아이를 낳을까요?

많은 사람이 아이를 행복한 결혼의 상징으로 여기며 어른이 되면 부모가 되는 것을 당연히 겪어야 할 일이라고 생각하기 때문에 아이를 낳아요.

최근에는 부모 역할을 단순히 개인의 일로 여기지 않고 나라에서 다양한 도움을 주고 있답니다.

미운 일곱 살이 진짜 있다고?

부모와 아이의 관계는 계속 변해요.

갓난아기는 모든 일을 부모에게 의지해요. 이때는 부모와 아기의 생각이 달라 갈등이 빚어지는 일이 없어요.

하지만 아이가 조금 자라 일곱 살쯤 되면 좋고 싫은 것이 분명해지며 부모의 생각과 다른 자기 주장이 생겨요. 그래서 부모와 아이의 첫 갈등을 가리키는 '미운 일곱 살'이라는 말이 생긴 거예요.

아이가 자라면서 달라지면 부모도 이전과 다른 역할을 해야 하는데 이런 변화가 쉽지는 않아요.

임신 → 양육 → 권위 형성

으앙! 저거 사 줘! 이거 싫어! 엄마 미워!

후유, 애 키우기 힘들다.

싸움을 해결하는 방법

가깝고 친밀한 관계인 가족일수록 작은 싸움이 많아요. 사소해 보이는 빨래나 청소, TV 채널을 정하는 문제까지 각자의 의견을 고려해서 조정해야 하는 부분이 많거든요.

문제는 이런 싸움을 해결하는 방법이에요. 문제를 해결하지 않고 그냥 놔두어 서로 분노하고 싸우기 전에, 서로를 생각해 주는 마음으로 신중하게 대화를 나누면 대부분의 문제는 어렵지 않게 해결할 수 있어요.

무서운 사춘기

10대 때 흔히 겪는 사춘기는 자녀들이 성장하면서 거치는 중간 단계예요. 이때 부모는 자녀가 부모의 뜻과 다르게 행동하는 것을 인정해 줘야 해요. 자녀는 많은 일을 독립적으로 결정하려 하지만 동시에 부모의 인정도 받고 싶어 하지요. 그러다 보니 부모와 자녀 모두 변덕스러운 결정을 하기도 하고, 상대방을 감정적으로 대하기도 해요.

도대체 왜 싸울까?

청소년 형제자매가 있는 친구들이 있나요? 사춘기 때는 원래 부모와 자녀가 많이 싸우는데, 세대 차이로 인한 다툼도 더 심각해져요.

첫째, 정보 격차로 인한 갈등이 커지고 있어요. 인터넷에 능한 자녀들과 그렇지 못한 부모 세대가 받아들이는 정보의 양과 질이 달라요. 그러다 보니 부모님과 자녀들의 정치의식이나 가치관 차이가 크지요.

둘째, 일자리가 모자란 젊은 세대와 부지런히 일하기만 하면 생활 기반을 마련할 수 있었던 부모 세대 간의 경제적 문제도 갈등의 큰 원인이에요. 무조건 '열심히 하면 된다'고 하는 부모님의 말씀은 청소년이 이해하기 힘들지요.

셋째, '나'보다는 '우리'가 더 중요했던 부모 세대의 생각과 '나'의 생각이 가장 중요한 청소년 세대의 차이도 갈등의 원인이에요.

정보 격차가 심해서 말이 안 통해요!

우리하고 정치의식이 달라요!

엄마는 경제 문제에만 민감해요!

아빠와 우리는 가치관이 달라요!

정보 격차란 새로운 정보 기술에 접근할 수 있는 능력을 가진 사람과 그렇지 못한 사람 사이에 사회 경제적 격차가 심해지는 현상을 말해요.

나에게도 권리가 있다!

최근 들어서는 아이들의 권리를 바라보는 시각이 많이 바뀌고 있어요. '건강하고 위생적이며, 안정적인 의식주를 누려야 한다' 같은 당연한 권리도 있지만, UN의 아동 권리 협약 조항에 따라 '놀 권리'를 강조하는 사람도 많아졌어요. 올바른 발달을 위해서는 잘 놀 수 있어야 하고, 이를 위해서는 부모가 놀이의 필요성을 잘 알고 있어야 한다는 뜻이지요.

또 아이가 원하는 것과 부모가 원하는 것이 다를 때, 아이가 자기 결정권을 가질 수 있어야 한다는 시각도 확대되고 있어요.

있는 게 좋을까, 없는 게 좋을까? 형제!

　형제자매가 많은 아이들은 외동의 삶을 부러워해요. 반면 외동아이들은 형제자매가 많은 생활을 꿈꾸기도 하지요. 이처럼 형제는 있어도, 없어도 득과 실이 있어요.

　형제가 있는 아이들은 협동, 방어, 싸움 등 다른 사람과 상호작용하는 기술을 배울 수 있어요. 따라서 사회생활을 시작할 무렵의 아이들을 보면, 형제가 있는 아이들이 친구들과의 상호 작용에서 보다 능숙하답니다.

　반면에 외동은 굳이 경쟁을 하지 않아도 많은 것들이 자기에게 주어지기 때문에 느긋한 편이며, 부모의 관심을 독차지할 수 있어 여유롭고 부모와 더 친해요.

누가 동생 낳아 달랬어?

사람의 역할과 지위가 바뀌는 것은 힘든 일이에요. 어느 날 동생이 생기면 동생을 보살펴야 하는 역할이 나에게 새로 생기는 거예요. 부모님도 형이니까 참으라든가, 언니니까 양보해야 한다고 말하지요.

하지만 이런 역할 변화는 나만 겪는 게 아니에요. 엄마 역시 한 아이의 엄마에서 두 아이의 엄마가 되면서 해야 할 일이 더 많아져요. 아빠도 마찬가지이고요. 그러다 보면 익숙하지 않은 일이 갑자기 늘어나 다툼이 일어나기 쉽답니다.

첫째? 막내!

여러 형제 중에 몇째냐 하는 것은 그 사람의 많은 것을 설명해요. 특히 우리나라는 가족을 이끌어 갈 장남과 장녀의 중요성을 강조해 왔어요.

최근에는 외동이 늘어나면서 이런 형제 순위에 따른 역할 기대가 많이 없어졌지만, 형제 순위는 한 사람의 성격을 형성하는 데 중요한 역할을 해요.

엄마는 언니만 좋아해!

형제자매 간에는 경쟁을 할 수밖에 없어요.

부모의 돈, 애정, 시간 모두 정해져 있기 때문에 형제자매가 이를 나누다 보면 불공평한 상황이 자주 생겨요.

하지만 불만이 있다고 해서 말썽을 일으켜 부모의 주의를 끌거나, 나보다 대우를 더 잘 받는 듯이 보이는 다른 형제에게 화풀이를 한다고 문제가 해결되지는 않아요. 오히려 이런 마음을 부모에게 제대로 전달하고 문제를 해결할 수 있는 방법을 제안하는 것이 더 좋아요.

손주 사랑이 최고지!

할아버지와 할머니, 손자와 손녀 간의 관계를 뜻하는 조손 관계는 특별해요. 할아버지와 할머니는 손주를 가르치고 돌봐야 하는 의무감이 부모보다 크지 않기 때문에 너그럽고 여유로운 마음으로 손주를 돌볼 수 있기 때문이지요. 그래서 부모보다 조부모가 아이들의 요구를 더 잘 받아 준답니다.

이런 애정은 손주들에게 안정감을 주며, 조부모 역시 손주들을 통해 외로움 등을 달랠 수 있지요.

나이 든 부모님은 누가 모셔?

요즘에는 나이가 들어서도 활발하게 활동하는 노인들이 많아요. 하지만 거동이 불편해지면 돌봐 줄 가족이 필요해져요.

안타깝게도 최근에는 노부모를 돌보지 못하겠다는 젊은이가 많아지고 있고, 내 노후는 내가 알아서 하겠다는 노인도 늘어나고 있어요. 문제는 노후를 스스로 해결할 수 있는 노인보다는 자식에게 기대어 살아야 하는 노인이 훨씬 더 많다는 점이에요.

늙은 부모를 자식이 돌보는 것을 당연하게 여기며 살았던 노인들에게 요즘 젊은이들의 태도가 괘씸할 수 있어요. 하지만 모자라는 일자리와 비싼 집값으로 어려움을 겪는 젊은이들은 노인을 돌볼 여력이 없지요.

나랑 진짜 안 맞아!

가족 구성원이 여럿 있다 보면 성격이나 기질이 서로 많이 다른 사람들이 있어요.

기질은 각자 타고난 성질과 정서 등을 말해요. 기질은 유전적인 것이라 타고난 기질을 누군가를 위해 고치는 것은 쉽지 않아요.

문제는 이런 차이를 인정하지 않고, 상대방이 틀렸다고 생각할 때 일어나요. '저 아이는 내 자식이지만 나와 참 다르구나.'라든가 '내 엄마지만 나랑 참 다르게 생각하네.'가 아니라, '도대체 왜 저래?' 하는 식의 비판적인 눈길로 바라본다면 서로 잘 지낼 수가 없어요.

가족은 나와 가장 가까운 사람들이지만 나 자신은 아니에요. 서로의 다름을 인정하고 잘 지낼 수 있는 방법을 함께 찾아야 좋은 가족 관계를 유지할 수 있어요.

가족끼리 상처 주는 말, 말, 말

가족 간에 화가 나면 서로 상처 주는 말을 내뱉기 쉬워요. 부모가 아이에게, 아이가 부모에게 생각 없이 한 말로 마음이 상하면 좋은 가족 관계를 맺기가 어려워지지요.
아이들은 어떤 말로 상처를 받을까요? 어른들은 아이들에게 어떤 말을 들으면 마음이 상할까요?

- 어른들이 이야기하는데 뭘 안다고 자꾸 끼어드니?
- 너 때문에 속상해서 못 살겠어.
- 너 대체 뭐가 되려고 이래?
- 어휴, 속 터져!
- 네 친구는 잘만 하더라!
- 다 너 잘되라고 하는 거야.
- 너, 집에 가서 보자.
- 어른 말이 맞으니까 어른 말 들어!
- 버릇없게 말대꾸를 꼬박꼬박 하다니!
- 자꾸 이러면 폰 뺏는다!

세상에는 정말로 다양한 가족들이 있어요.
모습이 다채로운 만큼
집집마다 겪는 기쁨과 슬픔도 달라요.
일어나면 좋은 일도 있고
일어나지 않으면 좋은 일도 있겠죠?
그럴 때 가족의 문제는 가족에게만 맡겨야 할까요?

4
각양각색 가족들에겐 어떤 일이 일어날까?

만나고 또 헤어지는 가족들

　결혼으로 부부가 되어도 여러 가지 이유로 헤어질 수 있어요. 나라에서 법적으로 보장해 주던 결혼 관계를 끝맺는 게 이혼이에요. 서로 무엇이 문제였는지, 어떤 갈등이 있었는지 정확히 이야기하고 그걸 다른 가족들에게도 잘 알려 주어야 해요. 그래야 서로 미워하지 않고 가족 모두 이혼에 잘 적응할 수 있어요. 많은 자녀가 부모님의 이혼을 자기 탓으로 여기지만, 절대 그렇지 않아요. 이혼은 부부 사이의 문제예요. 아내와 남편이라는 관계는 변하지만, 부모와 자식, 엄마 아빠와 나의 관계는 바뀌지 않는답니다.

우리 아이가 되어 줄래?

입양을 통해 가족이 만들어진 경우, 생각지도 않은 어려움이 있을 수 있어요. 갑자기 자신의 입양 사실을 알게 된 아이들은 매우 혼란스러워해요. 부모도 주변의 오해 등으로 힘든 일이 많지요. 특히 '친자식이 아니기 때문에 아이를 잘 돌보지 않는다'는 편견이 있어 입양 가족은 더 큰 어려움을 겪어요.

전 세계에서 수많은 아이가 여러 가지 이유로 버려져요. 따라서 입양을 긍정적으로 바라보는 사회적 시선과 제도적 뒷받침이 꼭 필요해요.

우리 가족은 다양함이 넘쳐

최근에는 다른 나라 사람과 결혼해 가정을 이루는 다문화 가족이 부쩍 늘어났어요. 새로운 기회를 찾아 우리나라에 와서 가족을 이루었지만, 언어와 풍습이 달라 고생하는 일이 많죠. 우리나라가 이주민을 받아들인 역사가 짧아서 사람들이 편견을 갖기도 해요. 하지만 모두 우리 사회의 구성원이고, 이들 덕분에 세상은 더 다채로워요. 다문화 가족이 겪는 문화적, 경제적 어려움을 도울 방법이 꼭 필요해요.

내 동생은 괜찮아

우리나라의 장애인 인구는 약 300만 명에 가까워요. 가족 중에 장애인이 있으면 가족의 시간과 자원을 장애인을 돌보는 데 쓸 수 밖에 없어요. 따라서 남은 가족들에게 주어지는 집안일이며 돈벌이에 대한 부담이 더 커지지요.

그러다 보니 부모님이 다른 형제들을 미처 못 챙겨 주는 일도 많고, 장애인 형제를 배려해 양보를 너무 많이 하기도 해요. 따라서 나라에서는 다양한 방법을 통해 장애인 가족을 지원해 주어야 해요. 그래야 장애인 당사자는 물론이고 형제를 비롯한 가족들이 지나친 부담감과 책임에서 벗어날 수 있기 때문이에요.

할머니 할아버지와 살아

보호자가 없는 아이들은 국가 보육 센터인 영아원, 보육원에서 보호해요. 특별한 사정으로 부모가 돌볼 수 없을 때 할머니나 할아버지처럼 조부모와 함께 살기도 하죠. 손자를 무척 사랑하지만 나이가 많아 힘도 돈도 부족한 경우, 사회에서 다양한 제도를 마련해 지원하고 이들을 도와줘야 해요.

에휴, 우리 강아지….

할머니, 난 할머니가 제일 좋아요.

혼자지만 부족하지도 모자라지도 않아

아빠, 혹은 엄마하고만 꾸린 가정을 한부모 가족이라고 해요. 결혼 생활을 끝맺고 새롭게 꾸린 가족도 있고, 결혼하지 않고 아이를 혼자 기르는 비혼모, 비혼부 가족도 있죠.

아이를 돌보려면 돈과 에너지가 꽤 많이 들기 때문에, 한부모 가족은 다른 이들의 도움이 필요해요. "아이 하나를 키우려면 마을 전체가 필요하다."라는 말처럼, 아이들이 잘 자라려면 가족의 힘만이 아니라 사회 전체의 관심과 배려가 중요하답니다.

새 가족이 생겼어

살아가다 보면 하나의 결혼 생활을 끝맺고 다른 결혼 생활을 시작할 수도 있어요. 이때 자녀가 있는 이들이 다시 부부가 된다면, 새로운 가족 관계가 생기죠. 새로 만난 가족은 어릴 때부터 함께 자라지 않아 어색할 수 있지만, 하나의 울타리 안에서 일상생활을 나누는 공동체인 거죠. 많은 시간을 함께 보내면서 서서히 거리를 좁혀 나가는 게 중요해요.

빈털터리가 되었어!

최근에는 여러 이유로 가족의 수입이 없어지는 경우가 많아졌어요. 가게가 망하거나 회사가 없어지는 등 상황은 다양하지만요. 이렇듯 한 가족의 수입이 없어지는 것은 가족 모두에게 큰 영향을 줘요.

돈이 없으면 다른 문제가 연달아 일어나요. 빚이 늘면 파산할 수 있고, 집이 사라져 가족이 뿔뿔이 흩어질 수도 있어요. 가족이 경제적으로 무너지면 아이들까지 공부 대신 일자리를 찾아 나서야 해요.

하지만 사회적 안전망이 든든하다면 위기를 극복할 기회가 생기기도 해요. 이런 문제는 가족이 서로 노력한다고 쉽게 해결될 수 있는 것이 아니기 때문에 가족을 도울 수 있는 사회적 장치가 꼭 필요해요.

가족이 세상을 떠난다면

　우리는 살면서 가족 중에 누군가 세상을 떠나는 일을 겪어요. 병에 걸리거나 사고가 나거나 나이가 들어 우리 곁을 떠나지요. 가족이나 다름없는 반려동물의 죽음도 찾아와요. 가족의 죽음은 남은 가족에게 큰 상처와 슬픔을 줘요. 가장이나 부모의 죽음은 경제적인 어려움으로 이어질 수도 있고요.

　이럴 때 가족 심리 상담을 받으면 좋아요. 옛날에는 가족의 문제는 가족끼리 해결해야 한다고 생각했지만, 이제는 사회의 도움도 중요하다고 여기게 되었답니다.

가족에겐 언제나 도움이 필요해

최근 언론에 가정 폭력과 아동 학대와 관련된 문제가 많이 보도돼요. 가족 사이에서 일어나는 폭력과 학대는 다른 사람이 금방 알아차리기 어려워요. 그래서 오랫동안 반복되고, 시간이 갈수록 점점 심해져요.

가정 폭력의 피해자들은 믿었던 가족에게 고통을 당했기 때문에 몸과 마음에 큰 상처를 입어요. 그래서 아픔을 극복하려면 엄청난 노력을 해야 하지요.

분명한 것은 이런 문제를 가족들끼리는 해결할 수 없다는 거예요. 법을 이용하여 가해자를 격리하고, 피해자가 안심하고 생활할 수 있는 환경을 만들고 지속적인 도움을 주어야 하지요.

상상해 봐, 세상에 없던 새로운 가족을!

세상에는 수많은 가족이 있지만, 모습은 달라도 가족 안에 사랑과 쉼이 있다는 건 같아요. 혼자 살아도 스스로를 사랑하며 사니까요. 그렇게 혼자 살아도 가족이고, 백 명이 함께 살아도 가족이에요. 반려동물과 살아도 가족이고, 반려식물과 살아도 가족이고, 외계인과 살아도 가족이죠. 그보다 더 신기하고 엉뚱한 가족이 세상엔 많이 있어요. 한번 만나 볼까요?

간헐적 가족 '공동체, 은혜' : 가끔 가족이지만 언제나 가족이야

서울 도봉구 안골마을에는 핏줄로 이어지지 않은, 서로 다른 50명의 사람들이 함께 모여 대저택을 짓고 '가족'이라는 이름으로 모여 살고 있어요. 원래는 가끔만이라도 가족이 돼 줄 사람을 찾아 일주일에 한 번씩 작은 만남을 가졌대요. 그러다 집을 짓고 함께 사는 공동체가 되었다고 해요.

이들은 평소에는 각자의 생활을 하다가, 가끔씩 서로에게 부모 노릇, 형제자매 노릇, 친척 노릇을 해요. 아이들도 돌아가면서 키워 "오늘은 누가 나를 돌봐 줄 거야?"라는 말이 여기저기서 들린대요. 이렇게 가끔 서로의 가족이 되어 주기 때문에 간헐적 가족이라고 불러요. 가족 이름도 있어요. '공동체, 은혜'랍니다.

간헐적 가족은 처음부터 이렇게 될 걸 예상하고 만든 공동체가 아니라서 미래가 어떻게 될지 모르는 실험 가족이라고 해요. 더 자유롭고 더 행복하고 더 건강하게 사는 게 이 가족의 목표고요.

핀란드의 '로푸키리' : 할머니만 우리 가족이 될 수 있단다

핀란드 헬싱키에 사는 네 명의 할머니가 "이렇게 외롭게 늙을 순 없다."라고 뜻을 모아 만들기 시작한 가족이에요. 열 명에서 열두 명의 할머니들이 한 가족이 돼요. 돌아가면서 당번을 정해 식사 준비, 청소, 정원 관리를 하면서 함께 살아가죠. 절대 남의 손을 빌리지 않는다고 해요. 잠은 각자의 방에서 따로 자지만, 일상생활을 모두 함께하죠. 로푸키리 할머니 가족들에겐 네 가지 규칙이 있대요. "첫째, 공동체를 사랑한다. 둘째, 함께 청소하고 함께 식사를 준비한다. 셋째, 서로 도움을 주고받는다. 넷째, 가족 구성원 모두가 주인이다."

로봇 가족 : 곧 올 거야, 우리와 함께 살 시간이!

휴먼케어 로봇, 그러니까 사람을 도와주고 돌봐 주는 로봇이 속속 탄생하고 있어요. 2021년 우리나라에서도 개발에 성공했죠. 밥을 먹여 주고 걸을 때 부축해 주는 것처럼, 신체적인 부분을 돌봐 주는 건 기본이에요. "멋지게 차려입었네요. 좋은 일이 있으신가 봐요."라고 말도 걸고 마음도 나눌 수 있다고 해요. 다 인공지능 덕분이죠. 로봇 강아지 같은 반려동물 로봇과 함께 사는 사람도 있어요. 로봇 강아지를 더 이상 고칠 수 없게 되면 장례식을 치르고 땅에 묻어 주기도 한대요. 이 정도면 로봇도 가족이라 부를 수 있겠죠?

참고 도서

정현숙, 『가족관계』, 신정, 2019
유명주 외, 『변화하는 사회의 가족학』, 교문사, 2018
한국가족관계학회, 『가족학』, 하우, 2003

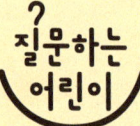

밖으로 나서기 전 옷을 입고 단추를 채우듯이,
세상으로 올곧게 나아가려면 물음표를 품고 생각을 채워야 합니다.
질문하는 어린이는 우리 어린이들이 앞으로 떠올리게 될
수많은 물음표를 하나하나씩 함께 채워 나가며,
새로운 가치를 발견하고 만들어 가는 시리즈입니다.